To my great

....

from

GREAT
GRANDPA

....

10 9 8 7 6 5 4 3 2 1

Published in 2011 by Ebury Press, an imprint of Ebury Publishing
A Random House Group Company

Text © Ged Backland 2011
Illustrations © The Backland Studio 2011

Ged Backland has asserted his right to be identified as the author of this work in
accordance with the Copyright, Designs and Patents Act 1988.

The Random House Group Limited Reg. No. 954009

A CIP catalogue record for this book is available from the British Library.

Printed and bound by Tien Wah Press, Singapore

ISBN: 9780091938253

THE BACKLAND STUDIO
www.thebacklandstudio.com

You are **rubbish** at computer games but you try your HARDEST and will **always** have a go

4

YOU and your keys are *always* playing **HiDE** and **SeeK**

Good job I'm here to help!

6

Comfy couch!

Your couch is the **best** place for watching TV

in the **WHOLE**

UNIVERSE

If it's broken, **YOU** can nearly **always** **FIX** it (or have a go)

He's soo clever!

you listen to that **funny**
RADIO STATION

where they talk **A Lot**
and hardly play **ANY** music

Your jokes are **better** than  else's

(and **way** better than )

16

I'm so **proud** to call **YOU** **MY** **GRANDAD**

Nobody **SPOILS** me
like **GRANDAD** **spoils** me!

22

You know

$$58197$$
$$+21078$$
$$=79275$$

EVERYTHING

about

everything

You sing some really **FUNNY** songs

from

You are **more fun** than
any other

When we are in your **CAR**
you know **tons** of
different **SHORTCUTS**

which makes the journey
LOTS of **FUN**

Grandad

28

A day spent with **YOU**
always has been
and **always** will be a
REAL TREAT

30

Your fantastic stories

still make **me**

SMILE

You remember when sporting **HEROES** were paid **PEANUTS** and *had* to get the **bus** home

You've got some **clothes** in your wardrobe

that have actually  into !

Can't believe he still wears them!!

38

Listening to you,
when you watch
the **tennis** on the TV
- it's **obvious** that you
should have been a
WORLD CLASS coach
(yeah right!)

You have a **STRANGE** ❤❤ _relationship_ ❤ with your **LAWN**, you can stand and **STARE** at it for **HOURS!**

The sorts of
real beer you drink
smell a bit WEIRD
and have FUNNY names like

Old Snake Charmer

or

Wizard's Breath

Everyone tells me that 'in the good old days'

you were quite a

CHARACTER!

you remember when
Elvis was alive
and **KING** of

ROCK 'n' ROLL

47

Even when you are **grumpy**...

...we **still**

LOVE YOU
"

Lovely Grandad! →

50

I'll remember the **LOVELY** days out with *you*

FOREVER and **EVER**

Simple things make

you **HAPPY**

...like finding your

 **GLASSES** !

They should make you
a **PROFESSOR**

'Cos no one knows **more**
about being a **BRILLIANT**
GRANDAD

than you

But **most** of all
you're a **LOVELY**
Grandad because you're
one of a kind...

58

Best Grandad!

the **SPECIAL, FABULOUS** and **FUN** kind